DE LA NÉCESSITÉ

D'UN

CHANGEMENT

DE

MINISTÈRE.

PAR M. COTTU,

CONSEILLER A LA COUR ROYALE DE PARIS.

> « Ils n'ont plus de sang, ni au cœur,
> « ni aux veines, vrais épouvantails de
> « chenevière. »
>
> *Montaigne*, l. 2, chap. 8.

PARIS,

AMBROISE DUPONT et Cie, LIBRAIRES,

RUE VIVIENNE, N° 16.

—

1827.

IMPRIMERIE D'AUGUSTE BARTHÉLEMY, RUE DES GRANDS-AUGUSTINS, N° 10.

DE LA NÉCESSITÉ

D'UN

CHANGEMENT

DE

MINISTÈRE.

DE LA NÉCESSITÉ

D'UN

CHANGEMENT

DE

MINISTÈRE.

PAR M. COTTU,

CONSEILLER A LA COUR ROYALE DE PARIS.

« Ils n'ont plus de sang, ni au cœur,
« ni aux veines, vrais epouvantails de
« chenevière. »

Montaigne, l. 2, chap. 8.

PARIS,

AMBROISE DUPONT et Cⁱᵉ, LIBRAIRES,

RUE VIVIENNE, N° 16.

—

1827.

DE LA NÉCESSITÉ

D'UN CHANGEMENT

DE

MINISTÈRE.

« Ils n'ont plus de sang, ni au cœur,
« ni aux veines, vrais epouvantails de
« chenevière. »

Montaigne, l. 2, chap. 8.

Sı quelque chose pouvait encore étonner de la part d'un ministère aussi endurci contre l'indignation publique, ce serait cette espèce de courage stupide avec lequel il pousse la France au milieu des tempêtes , sans savoir comment il pourra la défendre ensuite au moment du danger.

Lorsque les flots soulevés contre le vaisseau de l'État, le battront avec fureur et menaceront de l'engloutir, que feront ces imprudens pilotes, qui n'ont pas su le gouverner sur une mer tranquille et sous un ciel favorable?

Si les ministres se reportent par la pensée vers ces jours d'union et de force, où les royalistes, recueillant enfin le prix de leurs efforts, les élevèrent au pouvoir, et confièrent à leur sagesse le soin de consolider la monarchie et de la mettre désormais à l'abri des entreprises de la révolution, combien ne doivent-ils pas gémir sur les trésors d'amour et de fidélité qu'ils ont si follement dissipés? Où sont les institutions qu'ils ont établies pour affermir

le trône, les intérêts qu'ils ont créés pour
le défendre, les préventions dont ils ont
triomphé, les dévouemens qu'ils ont ré-
veillés dans les cœurs?

A cette verdeur des sentimens royalistes
dont la France était animée au jour de
leur entrée au pouvoir, à ce silence de
la révolution domptée, à toutes ces espérances de paix et de sécurité que pré-
sentait l'avenir, ont succédé tout à coup
des cris sinistres, un ciel couvert et ora-
geux, et ce murmure souterrain qui pré-
cède les grandes catastrophes. La nation
s'agite et s'inquiète; elle sent qu'elle n'a
point encore trouvé le sol sur lequel elle
doive asseoir l'édifice de son repos; et,
chose déplorable! après quatre années
d'une administration formée par des royalistes, on en est arrivé à ce point qu'il faut

recommencer à prouver au peuple que la royauté est encore l'institution la plus propre à assurer son bonheur et sa liberté.

Mon dessein n'est pas de retracer ici la longue série de fautes qui ont fait perdre au ministère la confiance publique. Trop de haines, peut-être, sont déjà soulevées contre lui. Je ne rappellerai donc pas la magistrature outragée ; les lois les plus nécesssaires à la paix publique restées sans exécution ; l'honneur de la France indignement sacrifié à l'étranger; l'autorité royale prostituée au service d'un parti, ennemi déclaré des institutions du pays ; l'hypocrisie devenue une nouvelle nécessité sociale ; nos libertés envahies ; les lettres persécutées ; et Paris enfin, accusé *de répugnance* à la face de l'Europe entière. C'est sous d'autres rapports que je me propose de démontrer l'incapacité des ministres et l'urgente nécessité de leur retirer le pouvoir qui va bientôt mourir entre leurs mains.

C'est donc principalement aux hommes qui sont restés de bonne foi attachés au ministère, s'il en est encore, que j'adresse ces observations. Le reste de la France n'a plus besoin de preuves; il a depuis long-temps sa conviction formée.

Depuis la restauration, deux partis également ennemis du système de conciliation embrassé par Louis XVIII, n'ont cessé de conspirer contre le mode de gouvernement établi par sa sagesse, et d'employer tous leurs efforts pour le renverser : ce sont les partisans du gouvernement absolu, et ceux du gouvernement républicain. Que si l'on me demande aujourd'hui

la preuve de l'existence de ces deux partis ,
il me suffira de répondre que, depuis 1789,
l'un d'eux a , pendant un long temps ,
possédé le pouvoir, et que, pendant le
même temps, l'autre a combattu pour
s'en emparer. Or, comme il n'existe aucun
motif pour nous engager à croire que les
opinions qu'ils représentent aient disparu
de la nation , surtout lorsque ces opinions
sont fortifiées par l'exemple de gouvernemens puissans et glorieux , fondés sur les
principes que chacune d'elles se fait honneur de professer, je pense qu'il est permis
de dire que ces partis existent encore ; et
je pense en outre pouvoir ajouter qu'il
n'est pas difficile de les reconnaître à tra-
vers les voiles peu épais sous lesquels ils
cherchent à se cacher.

Dirai-je plus ; les opinions sur lesquelles

ils s'appuient, tant qu'elles restent sim-
plement dans le domaine de la spéculation,
n'ont rien de condamnable en elles-mêmes,
et peuvent être professées par les meil-
leurs citoyens. Il n'est rien d'absolu en effet en matière de gouvernement. Aucune
croyance religieuse, aucun bienfait incon-
testable, n'ont gravé dans le cœur humain
la conviction intime que telle forme de
gouvernement soit préférable à toute autre.
Tel peuple est heureux sous la monarchie,
tel autre sous la république ; les Persans
et les Chinois paraissent même se plaire
sous le despotisme. Les différentes formes
de gouvernement ne sont jamais que le
produit de la force , et la conséquence
naturelle des mœurs et des préjugés qui
existaient parmi les peuples à l'époque où
elles ont été instituées. En tous lieux et

en tout temps , les rois, les grands , les
prêtres et les peuples se sont disputé le
pouvoir avec acharnement, et toujours
aussi le parti vainqueur a pris le soin d'é-
tablir sa domination sur des principes
favorables à sa puissance ; principes qu'il
a déclaré être incontestables , et dont il a
interdit l'examen et la discussion sous les
peines les plus sévères. Mais la divergence
même de ces principes suffit pour démontrer qu'ils ne peuvent être l'expression de
la vérité, dont le caractère essentiel est
d'être la même dans tous les temps et dans
tous les lieux.

En matière de gouvernement , comme
en toute autre, il peut donc être permis
à l'homme de rêver son bonheur ; et
pourvu qu'on n'entreprenne rien sur le
gouvernement établi ; pourvu qu'on ne

tente pas d'exposer le repos de l'État aux chances de ses propres conceptions, on ne voit pas ce que le magistrat le plus rigoureux pourrait trouver à redire aux vœux d'un citoyen qui conçoit le bonheur public autrement qu'il n'est établi par les lois de son pays.

Mais il n'est pas dans la nature des choses que les opinions s'arrêtent longtemps dans la vague enceinte de la théorie ; et lorsque, secondées par les fautes du gouvernement, ou par les nouveaux besoins qui se développent dans la société, elles sont parvenues à se faire adopter par un grand nombre de citoyens, il est bien difficile que ceux qui les professent avec une intime conviction, ne cherchent point à en faire passer les conséquences dans les institutions du pays. Alors elles deviennent des factions; et, levant hardiment leur bannière, elles conspirent ouvertement contre le gouvernement établi.

C'est donc à ceux qui sont placés à la tête de l'État à étudier avec soin les nouvelles nécessités du peuple et les changemens que le temps apporte dans leurs sentimens et leurs préjugés; c'est à eux qu'il appartient de connaître le moment où toute résistance devient inutile, et de savoir changer alors, par d'heureuses concessions, l'esprit de révolution en un esprit d'amélioration et de perfectionnement.

Ce sentiment juste et délicat des concessions fait le premier talent de l'homme d'état; et c'est, par cette raison, que les esprits positifs se trouvent en général si mal à l'aise dans le domaine de la politique. Habitués à régler leur conduite sur des principes certains, dont leur esprit découvre sur-le-champ toutes les conséquences, ils ne savent plus quelle route tenir dans un ordre de choses où tout est conjecture, observation, déférence pour l'opinion publique et ménanagemens pour les intérêts particuliers. Aussi ces sortes d'esprits sont-ils naturellement portés vers le gouvernement absolu, et surtout vers cette opinion redoutable qui, plaçant le pouvoir dans le ciel, couvre les actes du prince d'un voile impénétrable et sacré, et flétrit de rebellion à l'ordre de Dieu, toute tentative et même toute pensée qui tendrait à contester ou à modifier son autorité.

Mais s'il n'est pas de gouvernement qui

porte en lui-même la preuve d'une per-
fection absolue, il s'ensuit qu'aucun gouvernement ne peut se maintenir qu'autant
qu'il aura intimement attaché à sa con-
servation une certaine classe de citoyens
qui ne puissent être entraînés à l'esprit
d'innovation, et qui luttent même contre cet esprit, tant que la résistance est
possible. Autrement, le gouvernement établi, se trouvant dans l'impossibilité de démontrer la supériorité de ses institutions
sur les institutions proposées par les novateurs, serait évidemment sans force contre leurs attaques, et devrait tôt ou tard
finir par y succomber.

Que le gouvernement soit juste, dira-
t-on, qu'il respecte les libertés publiques,
qu'il rende ses sujets heureux, et personne
ne songera à le renverser. Chimères que

tout cela! Eh! qui empêchera le peuple de croire qu'il serait plus libre et plus heureux encore sous une autre constitution politique? qui l'empêchera d'imaginer un gouvernement moins coûteux, une administration plus simple, et qui fasse sortir des rangs un moins grand nombre de familles? Où s'arrêteraient en ce genre les désirs et les espérances? et croit-on qu'il y ait loin d'un désir impétueux à la tentation de le réaliser?

Il est, dit-on encore, des gouvernements si anciens et dont l'empire a toujours été si doux, qu'il est impossible de supposer que le souvenir de leurs bienfaits ne se perpétue pas d'âge en âge, et qu'il puisse jamais s'éteindre. Hélas! je m'écrierai encore : Ereur! illusions! Il vient un temps, pour les peuples comme pour les

2

individus, où l'imagination refroidie dé-
tache elle-même les ornemens dont elle
s'était plue à embellir l'objet de sa pré-
férence, et où, le voyant à nu devant
elle, elle cherche, sans pouvoir le re-
trouver, le charme qui l'avait autrefois
séduite. Les affections s'affaiblissent et s'é-
teignent, les intérêts seuls ne varient jamais. Vainqueurs du temps, ils ne cèdent
qu'à la force, et se transmettent de générations en générations, avec leur première
énergie.

Aussi tous les différens gouvernemens
ont-ils toujours eu leurs défenseurs pré-
vilégiés. Rome avait ses patriciens; les
empereurs, leurs prétoriens; les rois bar-
bares, leurs barons; ceux-ci, leurs vassaux;
et tout le système féodal enfin, les différens ordres de sa noblesse, contre les serfs

et les vilains. Il n'est pas jusqu'à la Con-
vention elle-même qui n'ait eu aussi ses pri-
vilégiés dans les assassins du meilleur des
rois, et dans les exécrables organisateurs
des massacres de septembre; et qui voudra
lire avec attention l'histoire de la révolution, se convaincra bientôt qu'elle a dû
principalement son succès à ceux qui se
trouvaient engagés à la soutenir par l'intérêt de leur sûreté personnelle, et que peut-
être, sans les crimes commis au nom de la
liberté, l'ancienne royauté, avec tous ses
abus et toutes ses vengeances, aurait triomphé au 13 vendémiaire et au 18 fructidor.

Si de nos jours encore la constitution
anglaise se maintient avec tant de gloire,
et contre la dette énorme dont le pays est
surchargé, et contre la misère excessive
d'un si grand nombre de citoyens, et

contre l'instabilité du sort des fabricans et des ouvriers, et contre les cris toujours plus obstinés des partisans de la réforme parlementaire, c'est qu'elle a placé le pouvoir dans les mains des grandes familles ; et que, par l'effet général du système des élections, la nomination des membres du parlement appartient de fait à ces mêmes familles, sous les apparences les plus propres à flatter la vanité du peuple.

Cette nécessité du privilége, condition essentielle de tout gouvernement, sous quelque forme qu'il soit établi, n'a pas échappé, sans doute, à la sagacité de Louis XVIII ; mais de graves motifs, qu'il ne nous a pas été donné de connaître, l'ayant empêché de l'établir par la Charte, il en est résulté, pour la royauté comme pour la liberté, un état de malaise et d'inquiétude qui devient de jour en jour plus grave, et qui les porte l'une et l'autre à désirer le changement d'un ordre de choses dans lequel elles ne trouvent aucune garantie de leurs droits.

Quelle résistance en effet la nation pourrait-elle opposer à un prince entreprenant, placé par la victoire à la tête d'une armée dévouée ; et qui, trompé par ses flatteurs sur la nature de son pouvoir, porterait, dans ses attaques contre les libertés publiques, cette constance et cette énergie qu'inspire toujours la confiance de son bon droit? Où sont les points de ralliement derrière lesquels le peuple courrait se rassembler? Où sont les chefs qui devraient et qui pourraient organiser sa résistance? Sans doute les chambres et la magistrature, fidèles aux sujets comme au prince , défendraient

avec énergie les droits confiés à leur garde;
mais que servirait leur courage contre des
soldats, instruits à voir une révolte dans
toute opposition à la volonté de leur maître? Bientôt *une ordonnance* de colère,
subversive de notre nouvelle constitution,
viendrait incriminer leur zèle; et, comme
en 1652, *faire défense à l'avenir, à tout
corps politique de prendre connaissance des
affaires qui pourraient concerner l'État,
administration et gouvernement d'icelui;*
et déclarer *lesdites affaires réservées à la
personne seule du roi et à celle de ses suc-
cesseurs rois.*

Peut-être cependant l'énormité de
l'attentat embrâsant tous les cœurs d'u-
ne généreuse indignation, verrait-on la
France entière se soulever contre les u-
surpateurs de ses droits, et, n'écoutant

que son désespoir, s'écrier avec fureur :

Si de sang et de morts le ciel est affamé
Jamais de plus de sang ses autels n'ont fumé.

Alors quelle épouvantable tempête! quel affreux déchaînement de haines et de vengeances! quel torrent de dévastations! que d'horreurs! que de débris! qui ne frémirait d'y penser!

Comment, d'un autre côté, le trône pourrait-il se défendre contre le pouvoir populaire tel que la Charte l'a établi, c'est-à-dire lorsque ce pouvoir se trouve placé dans une masse d'électeurs étrangers à tous priviléges, et nécessairement ennemis de tous ceux que la loi a institués? Comment ne pas voir qu'un jour viendra, jour inévitable, inexorable, jour suprême, et qui s'approche avec une effroyable rapidité, où ces électeurs, impatiens de tout niveler, et affranchis de l'influence du gouvernement, parviendront à composer une chambre *suivant leur cœur;* je veux dire une chambre animée des mêmes préventions contre toutes les supériorités sociales? Quelle force alors la couronne aura-t-elle à opposer à l'audace d'une pareille chambre et à son influence sur le pays? Quel secours pourra-t-elle se promettre de son droit de dissolution, et de l'appel qu'elle ferait à un peuple possédé du démon de l'égalité et transporté de fureur au seul mot de privilége?

C'est donc avec raison que la liberté et la royauté, laissées toutes deux sans défense par les lacunes de la Charte, s'efforcent de sortir de cette situation si remplie d'alarmes, et qu'elles cherchent un refuge dans un nouvel ordre de choses où elles espèrent dominer sans rivales.

Elles se trompent néanmoins l'une et l'autre. Elles ne peuvent, il est vrai, subsister ensemble dans l'ordre de choses particulier que la Charte a établi ; mais il n'est pas vrai, qu'elles ne puissent subsister ensemble d'une manière absolue. Que le pouvoir populaire soit placé, comme il doit l'être, dans un corps particulier spécialement intéressé au maintien du pouvoir royal ; que ce corps, investi de privilége, dont il craigne d'être dépossédé, se trouve ainsi naturellement porté à défendre les priviléges de la couronne et de la pairie ; et bientôt l'harmonie la plus franche et la plus entière s'établira entre la liberté et la royauté. Les peuples seront libres et heureux, sous la protection d'une classe de citoyens qui n'aura de puissance et de grandeur que par eux ; et le prince, de son côté, n'aura plus à concevoir aucune inquiétude pour son autorité, quand il la verra loyalement défendue par cette même classe de citoyens, désormais attachés, par les liens les plus forts, au système du gouvernement.

Il faut donc se hâter d'établir cette grande garantie, avant que la faible trame qui retient encore unies la liberté et la royauté ne soit pour jamais rompue, et que toutes deux ne se soient brusquement séparées en se jurant une haine éternelle, et en se menaçant de l'univers entier engagé dans leur querelle.

Or, je le demande maintenant aux partisans les plus dévoués de l'administration actuelle ; je le demande aux mi-

nistres eux-mêmes : ces institutions si nécessaires, si urgentes, qui peuvent seules
peut-être arrêter la révolution qui s'avance, est-il en leur pouvoir de les établir ?
Le peuvent - ils, lorsqu'au lieu de faire
face à la fois aux deux partis révolution-
naires, ils se sont ouvertement unis avec
l'un d'entre eux pour renverser la Charte,
et qu'ils l'ont attaquée avec fureur ? Le
peuvent-ils, lorsqu'ils ont soulevé contre
eux toutes les classes de la nation, la magistrature, la chambre des pairs, les corps
savans et littéraires, et toutes les gardes
nationales du royaume, insultées dans la
garde nationale de Paris ? Le peuvent-ils
enfin, lorsqu'ils n'ont plus d'avenir devant
eux, et que le pouvoir qu'ils possèdent
encore n'est plus aux yeux des peuples
qu'un vain simulacre du passé : comme

ces insignes de la royauté qu'on laisse aux princes après leur mort jusqu'au jour de leurs funérailles?

En vain voudraient-ils abjurer leurs criminelles alliances ; on se défierait de leur loyauté. Il s'est élevé entre eux et la nation une antipathie invincible qui les rend désormais incapables d'exercer sur elle aucune influence. On ne les croit plus, on ne les écoute plus ; tout déplaît en eux, jusqu'à leurs talens mêmes. L'on se cache de leurs faveurs ; on s'applaudit d'être tombé dans leur disgrâce. Le bien n'est plus bien quand ils le proposent ; et, par une fatalité inconcevable, tout ce que leur inspire leur dévoûment au roi, se change entre leurs mains, en un instrument de mort contre la monarchie. Dans leurs justifications irréfléchies, ils enlèvent au prince tout l'honneur des mesures qui ont réjoui la France, et lui imputent la provocation de celles qui l'ont plongée dans le deuil (1). En un mot, ils semblent être de ces hommes funestes dont Louis XVI a dit *dans son évangile*, que *par leur faux zèle, ou leur zèle mal entendu, ils avaient fait beaucoup de mal à la royaute..*

Quelle preuve plus manifeste pouvaient-

(1) Dans la séance de la chambre des députes du 9 mai dernier, M. de Villele a dit, à l'occasion du retrait de la loi sur la presse. « Si nous avons encouru quelque blâme, c'est « d'avoir été ému par des déclamations journalières, par les » injures continuelles auxquelles nous étions livrés, à cause de « notre dévouement au Roi et aux intérêts du pays, jusqu'au « point de chercher à y mettre un terme *en retirant* un pro- « jet de loi qui avait été présenté. »

Et dans la même séance, en parlant du conseil qu'il avait donné de licencier la garde nationale, il a ajoute : « Quand on veut conclure de ces paroles la provocation de cet « acte, n'outre-t-on pas la chose, et ne l'outre-t-on pas sous un « rapport *sous lequel il n'est interdit de m'expliquer? Je l'ai « conseillée, sans toutefois l'avoir provoquée.*»

ils donner en effet *du malheur qui les suit,* que l'appui qu'ils ont si imprudemment prêté à la proposition de M. de la Boëssière?

Surpris, dans le moment de la plus grande exaltation de leur haine contre les journaux et la magistrature, par les avantages apparens de cette proposition, ils n'ont pas su y démêler tout ce qu'elle renfermait de dangereux contre l'autorité royale. Ils n'y ont vu qu'un moyen qu'ils ont cru certain de satisfaire enfin leur vengeance, toujours repoussée dans les tribunaux; et en cela même ils se sont encore trompés. Jamais les membres de la nouvelle commission ne se prêteront à servir les ressentimens des ministres, et à étouffer, pour leur plaire, la liberté d'écrire. Chargés, seulement pour un mois, de veiller à l'honneur de la chambre, ils ne voudront pas signaler la courte durée de leurs fonctions par d'odieuses atteintes contre le plus précieux des droits reconnus par la Charte, et contre celui dont le libre exercice est le plus nécessaire dans les circonstances critiques où se trouve le pays. Ils laisseront reposer doucement entre leurs mains ce pouvoir censorial dont le ministère espérait se faire une arme si terrible; et bientôt le renouvellement de la commission ne sera plus, s'il ne l'est même déjà, qu'une affaire de pure forme, comme la présentation du budjet à la chambre des pairs. Mais, autant la commission sera inefficace contre les abus de la presse, dont elle préférera toujours abandonner la répression à la justice ordinaire, autant elle peut devenir puissante contre le ministère, et même contre la royauté, si jamais cette commission se trouvait composée d'esprits turbulens et tracassiers, ou d'hommes secrètement animés de sentimens hostiles contre le gouvernement.

Elle est en effet chargée d'appeler, *s'il y a lieu*, l'attention de la chambre sur l'exécution des articles 4, 7, 15 et 16 de la loi du 25 mars 1822.

Or, chacun de ces articles établissant des peines correctionnelles pour certains faits déterminés, et constituant par conséquent *des délits*, il n'y a lieu, d'après les principes constans en matière criminelle, d'appeler l'attention de la chambre sur ces faits, qu'autant que l'auteur de ces faits aura été mu *par une intention coupable*.

La commission se trouve donc nécessairement investie du droit de citer devant elle le prévenu, de l'interroger, d'entendre les témoins tant à charge qu'à décharge; en un mot, de faire une instruction, puisque ce n'est que par ce moyen qu'elle peut découvrir l'intention véritable du prévenu, et s'assurer s'il y a lieu ou non d'appeler l'attention de la chambre sur l'écrit qu'il aurait publié.

Quelle foule de moyens divers un droit aussi étendu n'offrira-t-il pas à la *commission des droits*, pour tourmenter les ministres, et les rendre l'objet des plus importunes investigations ? A quelles embarrassantes explications, par exemple, n'aurait-elle pas pu soumettre M. le garde-des-sceaux, lors de sa fameuse circulaire du 20 janvier 1824 ? Eût-il été bien difficile de trouver une offense envers la Chambre des-députés , dans la proclamation de cette étrange doctrine, que , *si le fonctionnaire public refuse au Gouvernement les services qu'il attend de de lui* (c'est-à-dire celui de voter pour son candidat), *il trahit sa foi, et rompt volontairement le pacte dont l'emploi qu'il exerce avait été l'objet ou la condition, et que c'est la plus certaine et la plus irrévocable des abdications:* et une offense plus grande encore peut-être dans les ordres que ce ministre intimait, par la même circulaire, à tous les procureurs du roi, *de faire savoir aux officiers de police judiciaire et aux officiers ministériels placés sous leur surveillance et leur direction, qu'il exigeait d'eux une coopération loyale, active, efficace* (pour assurer la nomination du candidat du gouvernement), et dans la recommandation pressante qu'il adressait aux mêmes magistrats , *d'être attentifs aux démarches de ces officiers, et exacts à les lui faire connaître?* Quel acte était plus fait pour enlever d'avance à la chambre le respect et la confiance du peuple , et pour la présenter à ses yeux comme le résultat honteux de la faiblesse, de la fraude et de la corruption?

Lorsque , dans ces derniers temps , M. Dedilon n'a pas craint de publier que, *si un corps institué à vie par la Charte , mettait le gouvernement en danger , il fallait chercher un remède à ce mal dans le concours du corps-législatif ; et que si la résistance se trouvait dans le corps-législatif lui - même,* et dans la partie de ce corps instituée héréditairement, *il fallait oser remonter plus haut , et dé-*

3.

truire la source du mal, qui est LA CONSTI-
TUTION ELLE-MÊME.

Lorsqu'il a eu le courage d'ajouter que
le serment prêté par le prince ne devait
pas l'arrêter dans l'accomplissement de
ce devoir ; *parce que le serment, en général, n'exclut pas les conditions et les res-
trictions tacites, et que, lorsqu'on est forcé
de jurer, on peut protester intérieurement
contre le serment que l'on fait,* JURER
DE LA LANGUE ET NON PAS DU COEUR ; que
l'on peut répondre en outre *que lorsque
l'on fait une constitution, l'on se propose deux choses : l'une, qu'elle pourra
être exécutée ; l'autre, qu'elle fera le
bonheur de la nation ; mais que si elle est
inexécutable, et qu'elle produise le mal,*
ELLE EST NULLE DE DROIT COMME DE FAIT,
*et que le serment qu'on a prêté de l'ob-
server n'a plus d'objet ;*

Lorsque, plus récemment encore, la *Gazette de France* a hautement déclaré que, *dans notre constitution, le roi seul était législateur, et que les chambres n'étaient proprement que des conseils nationaux, dont les délibérations ne servaient uniquement qu'à éclairer le trône.*

Quel avantage une commission adverse au ministère, n'aurait-elle pas pu prendre contre lui, d'une pareille profession de principes, surtout après tant d'attentats à la Charte dont il s'est rendu coupable, et qui peuvent si légitimement faire soupçonner qu'il professe, au fond du cœur, les mêmes opinions! Quelle occasion plus favorable aurait-elle pu rencontrer pour faire sentir aux ministres tout le poids de son pouvoir, et pour les soumettre aux perquisitions les plus mortifiantes, sous le prétexte de s'assurer si le livre, et plus probablement encore l'article , n'auraient pas été rédigés sous leur influence, et peut-être même par leurs ordres !

Telles sont cependant les conséquences inévitables du changement sollicité par le ministère lui-même à l'ancien réglement de la chambre des députés. Nous verrons quelque jour peut-être, au grand détriment de l'autorité royale, des hommes revêtus de sa confiance , traînés devant une simple commission de la chambre , et contraints à y subir les interrogatoires les plus humilians. N'avons-nous donc pas eu raison de dire que si la haine générale que le ministère a excitée ne lui permet plus d'espérer que la France veuille accepter de lui les institutions fon-

damentales dont elle a un si urgent besoin , une sorte de fatalité attachée à sa
destinée, l'a condamné à porter à la monarchie les coups les plus terribles , et
que si l'on ne se hâte de l'arracher à sa
funeste influence , elle périra entre ses
mains.

Passons maintenant à un autre ordre
de considérations.

L'extrême irritation des esprits est un
fait reconnu par tous les partis , et avoué
par le ministère lui-même. Elle n'est pas ,
ainsi qu'il s'efforce de le faire croire, le résultat de la licence de la presse , ou de ce
vague désir qui porte, en général, les peuples vers le changement ; elle a sa source
dans les actes les plus positifs et les plus
faits pour soulever l'indignation d'un
peuple jaloux de ses droits , et résolu

à les conserver. Elle provient enfin de ce que les ministres, au lieu de s'attacher fortement à la Charte, et de chercher à l'affermir contre les deux partis qui la menacent, se sont au contraire rangés sous la bannière d'un de ces partis, et conspirent ouvertement avec lui pour rétablir le pouvoir absolu (1). Cette mons-

(1) S'il faut en croire M. Ouvrard, dans une conversation qu'il avait eue avec M. de Richelieu quelque temps après la formation du ministère actuel, ce ministre lui aurait dit « qu'il « ne put se défendre d'un pressentiment d'affliction en envi- « sageant la position où allait se trouver la France, *livrée a* « *des ministres qui se chargeaient de la faire passer du régime* « *de la Charte à l'ancien régime;* de remplacer le vote annuel « de l'impôt par un vote septenal; *de réduire les chambres à* « *n'être que des conseils consultatifs;* de paralyser ainsi l'essor « donné à toutes les branches de la prospérité publique, et « de laisser sans exécution tout ce qui était préparé pour sa « grandeur et sa richesse. » (*Mémoires de G. J. Ouvrard, tome* III, *page* 19.)

Il est impossible de ne pas être frappé de la coïncidence des desseins supposés à MM. de Villèle, Peyronnet et Cor-

trueuse alliance a frappé de stupeur les partisans sincères des libertés publiques; ils y ont vu le succès des embûches dressées, depuis si long-temps contre la religion du prince, et l'aveu tacite de la royauté qu'elle se jugeait elle-même *incompatible avec les libertés qu'elle avait promises*.

L'alarme s'est aussitôt répandue dans la nation. La génération actuelle s'est crue encore appelée à être le témoin d'une nouvelle révolution; et il s'est formé parmi le peuple cette opinion terrible, qu'un gouvernement mixte était une chimère, et que le jour était arrivé où il fallait décidément opter entre le despotisme et la république.

bière par M. de Richelieu, avec les doctrines de la *Gazette de France* que j'ai rappelées ci-dessus.

Quand les ministres n'auraient commis d'autre faute que celle d'implanter cette opinion dans tous les esprits, quelle plaie plus profonde pouvaient-ils faire à la royauté? Quelle atteinte plus cruelle pouvaient-ils lui porter?

Comment donc oseraient - ils affronter les élections prochaines, sous l'empire de préventions aussi fortes, aussi unanimes, aussi indestructibles? Comment ne craindraient-ils pas d'exposer la monarchie à toute la violence d'une chambre sortie du sein des orages, et n'ayant peut- être que trop conservé la redoutable empreinte de son origine? Est-il un sujet fidèle qui puisse ne pas frémir des épouvantables conséquences de leur témérité?

Ils se flattent sans doute que le temps viendra à leur secours, et que la haine qu'ils inspirent s'usera contre l'action des trois années qu'ils comptent avoir devant eux. Mais combien à cet égard ils se font encore illusion !

Aux termes de la loi du 9 juin 1824, la chambre actuelle des députés doit avoir, il est vrai, une durée de sept années, dont quatre seulement vont être révolues à la fin de la présente session. Mais si la majorité de la chambre a cru avoir le droit de prolonger ses pouvoirs sans le consentement préalable des électeurs, n'est-il pas possible que les quatre-vingt-sept membres qui n'ont pas partagé la même opinion ne se jugent pas liés, dans une pareille circonstance, par la décision de la majorité ? N'est-il pas possible qu'ils ne se croient plus le droit de participer, après la session prochaine, aux opérations de la chambre ?

N'est-il pas possible enfin, qu'un grand nombre des députés de la majorité elle-même, entraînés, en 1824, par l'ivresse de la victoire et l'éloquence de leurs collègues, aient fait depuis de sérieuses réflexions; qu'éclairés par les observations de leurs commettans, ils reviennent à l'opinion de la minorité, et que, comme elle, ils ne croyent pas non plus pouvoir, en conscience, continuer de siéger à la chambre, après l'expiration de sa cinquième session?

Il est évident en effet que, quelle que soit l'étendue que l'on suppose au pouvoir législatif, il est cependant des bornes où il faut bien qu'il s'arrête, et qu'il ne peut pas faire qu'une chose ait été quand elle n'a pas été, ou qu'elle n'ait pas été quand elle a effectivement été. En un mot,

comme dit Blakstone, il ne peut pas *changer un homme en femme.*

Ainsi, quoiqu'en ait pu dire le législateur en 1824, il n'a certainement pas pu
faire que des députés, qui ne tiennent
leurs pouvoirs que des électeurs, aient
reçu des pouvoirs pour *sept ans*, lorsque,
de fait, ils ne les ont reçus que pour *cinq*,
et lorsque ces électeurs eux-mêmes n'a-
vaient pas le droit de les leur conférer
pour un plus long temps. Comme le di-
sait M. Devaux, lors de la discussion de la
loi, « le député prorogé dans ses fonctions
« par une autre cause que l'élection, est
« tout autre chose qu'un député. Ce sera
« tout ce que l'on voudra, mais bien
« certainement ce ne sera plus un dé-
« puté. »

Si, au moyen de la loi de 1824, la

chambre des députés s'obstine à se per-
pétuer dans ses fonctions, je ne crains
pas de le déclarer en présence même *de
la commission des droits :* elle n'exercera
plus *qu'un pouvoir de fait,* comme, tous
les gouvernemens qui se sont succédés
depuis 1789; *mais elle sera sortie de la
légitimité,* parce qu'il ne peut y avoir de
légitimité là où *la force* a été substituée
à la loi.

La chambre des députés n'avait pas plus
le droit en 1824 de prolonger ses pouvoirs pour deux ans, qu'elle ne l'aurait
aujourd'hui de les prolonger pour sept
autres années, ou pour le temps de la vie
de chacun de ses membres, ou enfin de
les déclarer héréditaires. Elle n'a pu trouver d'excuses à cette énorme infraction à
la Charte, ni dans son dévouement au

roi, ni dans le salut prétendu de la monarchie; car enfin, on ne cessera de le
répéter, pour être député *d'un départe-
ment*, il faut avoir été député *par un* dé-
partement, et l'on ne peut pas se députer
soi-même.

Quand les circonstances paraissent de
nature à exiger des mesures extraordi-
naires, il faut laisser prendre ces mesures
à ceux qui ont droit de le faire. Chacun,
suivant son opinion, peut s'offrir ensuite
pour les appuyer; mais il ne faut pas y
coopérer comme représentant d'un peuple
qu'on ne représente point.

Les électeurs, dit-on, avaient été pré-
venus d'avance que le gouvernement avait
l'intention de présenter aux chambres
prochaines la substitution du renouvellement septennal et intégral, au renouvelle-

ment quinquennal et partiel. Eh bien! que peut-on en conclure? Les électeurs savaient-ils si ce projet serait adopté? savaient-ils s'il ne le serait pas sous la condition expresse que la loi nouvelle ne pourrait s'appliquer qu'à une nouvelle chambre? En fait, ont-ils donné à leurs députés, ont-ils même pu leur donner, des pouvoirs pour les représenter au-delà de cinq ans? N'est-ce pas sous l'empire des lois des 5 février 1817, 25 mars 1818, 29 juin 1820, et par conséquent sous l'empire de l'art. 37 de la Charte, que les électeurs ont été convoqués, et qu'ils ont procédé au choix de leurs mandataires?

Il est donc certain qu'à la fin de la session prochaine, un grand nombre de députés, la majorité peut-être, déclareront à la chambre qu'ils croient leurs pouvoirs épuisés. Quelle sera alors la position des députés restans? Quel respect auront-ils droit de réclamer pour leurs actes? quelle contenance tiendront-ils devant leurs collègues nouvellement élus, tout brillans de la faveur publique et de leur légitimité?

Eh! que serait-ce, si les cent dix-sept Pairs qui ont voté contre la septennalité, réunis aux nouveaux pairs qui sont entrés dans la chambre depuis 1824, allaient former dans la chambre haute une majorité opposée au système de la prolongation des pouvoirs de la chambre des députés; et si, en conséquence de cette opinion, la chambre des pairs ne reconnaissait plus de mandat à la chambre des députés après l'expiration de la cinquième session; et refusait de recevoir et ses projets de loi et son budget! N'y aurait-il pas alors, nécessité absolue de dissoudre la chambre actuelle, et d'en convoquer une nouvelle? Les ministres ne peuvent donc échapper, dans un temps très-prochain, à la terrible épreuve d'une élection générale. Qui peut prévoir les malheurs qu'elle peut enfanter, si la nation indignée les trouve encore à la tête des affaires!

Jamais, dit M. de Villèle, la France ne donnera aux Bourbons une chambre factieuse. Dieu le veuille! mais quelle confiance peut-on prendre à *ces propos de position*, qu'un ministre est obligé d'avoir toujours à la bouche? Les ministres de la république et de l'empire n'affirmaient-ils pas aussi à leurs gouvernemens que la France ne leur donnerait jamais des chambres royalistes; et, en dépit de ces assurances solennelles, n'a-t-on pas vu,

sous le Directoire, le Conseil des Cinq-
Cents prêt à rappeler les Bourbons ; et,
en 1814, le Sénat de Buonaparte pro-
noncer sa déchéance ? Sans doute, on n'a
point à craindre aujourd'hui que des col-
léges électoraux aient la coupable pensée
de former à dessein une chambre hostile à
la couronne. Mais, dans leurs justes ressentimens contre les ministres, il est possible qu'ils s'égarent sur les moyens de les
renverser ; et que, trompés par les apparences d'un faux zèle pour les libertés publiques, ils donnent leur confiance à des
hommes secrètement animés de sentimens
républicains. Les souvenirs de l'assemblée
législative sont-ils déjà si loin de nous !

Si malheureusement il en était ainsi,
que pourrait faire la couronne? Elle dis-
soudrait la chambre. Très-bien ? mais si

la nation, moins éclairée que le prince sur les intentions criminelles de ses députés, s'obstinait à n'attribuer leur disgrâce qu'à leur généreuse opposition à un ministère odieux, et continuait à leur confier le soin de ses intérêts ; encore une fois, que pourrait faire la couronne ? Qu'aurait-elle à opposer à la force morale dont la chambre nouvelle serait revêtue et à l'impétuosité de ses ressentimens ? Faudrait-il donc alors porter tout à l'extrême ; invoquer le dieu sanglant de la guerre civile ; déchirer le traité d'alliance entre le trône et la nation, et jouer enfin le tout pour le tout : le despotisme contre la république ?

Voilà les dangers que tout le monde prévoit avec le ministère actuel ; les dangers que l'on ne cesse de signaler à la couronne, et contre lesquels ses amis les plus dévoués, ceux qui ont versé leur sang pour elle, et qui sont prêts à le verser encore, la conjurent de se prémunir. Mais c'est en vain ; les heures s'écoulent, la révolution s'approche ; encore un jour peut-être, et il ne sera plus temps d'arrêter sa marche. Est-on donc si sûr de la victoire ?

Je sais qu'il est des gens qui pensent que toutes ces terreurs sont vaines, et que rien ne serait si facile que d'affranchir la couronne des entraves qu'elles s'est imposées, et de la rétablir dans toute l'étendue du pouvoir qu'elle avait envahi. Ils ont un dieu tout prêt pour consacrer le parjure et la violation des droits les plus sacrés des peuples. L'armée vous est dévouée, crient-ils au prince d'une voix impie ; marchez, détruisez-tout, corps, lois, contrats, coutumes, priviléges ; le roi est l'envoyé de Dieu ; il n'y a pas de droit contre lui.

Mais, quand un nouveau crime de la fortune devrait encore une fois faire triompher l'imposture et couronner les efforts des ennemis des libertés publiques, croit-on que leur odieux pouvoir pût se maintenir long-temps ; et que la terre brûlante qui a menacé cent fois de s'entr'ouvrir sous les pas de Richelieu ; qui a consumé le testament de Louis XIV, dévoré l'ancienne monarchie, et jusqu'au trône gigantesque de Buonaparte, n'aurait pas aussi bientôt anéanti leur infâme et dégradante tyrannie ?

Jamais le gouvernement absolu n'a été reconnu en France. La plupart des prérogatives autrefois exercées par la couronne étaient un vol fait au pays. Dans les temps anciens, les hauts barons réglaient avec le prince les affaires importantes de l'État, et leur droit à cet égard pouvait d'autant moins être contesté, que, devenus eux-mêmes, et au même titre que Hugues Capet, souverains héréditaires des diverses seigneuries dont le royaume était composé, ils avaient un intérêt direct à ce que son indépendance ne pût être compromise par l'ambition, la faiblesse ou l'incapacité du roi.

Lorsque, plus tard, à l'aide des communes et surtout des parlemens, les rois furent parvenus à faire taire toutes ces souverainetés secondaires, leurs anciens titulaires, descendus au rang de courtisans, conservèrent encore, sous les titres de princes, ducs, pairs et grands-officiers de la couronne, le droit d'être consultés sur toutes les hautes mesures d'intérêt public; et l'on sait combien de factions et de révoltes n'eurent d'autres prétextes que l'injurieux éloignement où les rois tenaient les princes et les grands, du gouvernement de l'État.

Enfin depuis, les parlemens, prétendant à leur tour représenter les États-Généraux, revendiquèrent les mêmes priviléges, et élevèrent si haut leur autorité, qu'il leur fut permis de dire au roi : « Votre « parlement, Sire, né avec l'État, tient « la place du conseil des princes et ba-« rons qui, de toute ancienneté, était près « de la personne du roi; pour marque « de ce, les princes et pairs du royaume « y ont voix délibérative. Les lois, or-« donnances et édits, créations d'offices, « traités de paix et autres plus importantes

« affaires du royaume, lui sont envoyés
« pour en délibérer, en examiner le mé-
« rite, et y apporter en toute liberté les
« modifications convenables (1). »

Les rois ne manquaient pas, il est vrai,
quand ils pensaient n'avoir rien à craindre
de la résistance des peuples, de désavouer
ces superbes paroles, et de proclamer à
leur tour « que les monarchies étant fon-
« dées sur le pouvoir d'un seul, l'autorité
« absolue ne pouvait se trouver affaiblie
« sans que l'État ne déchût en peu de
« temps de sa dignité; et qu'en consé-
« quence, ils ne souffriraient pas qu'on
« mît la main au sceptre du souverain, et
« qu'on partageât sa puissance (2). » Mais
les peuples n'en persistèrent pas moins à

(1) Remontrances du 16 mars 1615.

(2) Déclaration du 5 février 1641.

conserver dans le fond de leurs cœurs, le sentiment de leurs droits, et à les réclamer hautement quand ils se crurent assez forts pour se faire rendre justice. C'est ainsi que depuis la chute de la puissance féodale, il se forma, entre le roi et le peuple, une animosité secrète qui, s'accroissant de jour en jour par l'effet naturel du développement de la raison humaine, devait nécessairement entraîner d'épouvantables catastrophes, et ne pouvait être radicalement extirpée que par une transaction solennelle qui réglât d'une manière précise les droits de la couronne et ceux de la nation.

Cette grande transaction a été faite par Louis XVIII, et recommandera son nom d'âge en âge à l'amour et à la vénération de la France. Elle a détourné du trône les foudres qui, depuis deux cents ans, grondaient autour de lui; et, ne lui ayant laissé que la force nécessaire pour maintenir l'ordre public, d'un instrument de crainte et d'oppression qu'il était autrefois, elle en a fait un instrument de paix, de bonheur et de liberté.

Attaquer cette transaction solennelle, c'est lancer de nouveau la France dans le sein des tempêtes; c'est remettre en question tout ce qui existe : rangs, honneurs, dignités, fortunes; c'est exposer à la fois le prince et les sujets à toutes les horreurs d'une révolution nouvelle, dans le cours de laquelle il est possible, sans doute, que la couronne obtienne quelques succès passagers et parvienne à établir, pour quelque temps, son autorité absolue sur les débris sanglans des libertés publiques, mais

dans laquelle aussi elle peut éprouver d'ir-
réparables revers, et peut même être bri-
sée sans retour.

Résumons-nous. La France a, dans tous
les temps, prétendu être libre. Elle le veut
aujourd'hui plus impérieusement que jamais. Eh! que serait-elle sans la liberté!
Comment expliquerait-elle son inconcevable inaction en 1814 et 1815? Libres,
cette inaction peut encore se comprendre.
Au-delà des rangs ennemis, nous aperce-
vions les descendans de nos soixante rois,
implorant notre ancien amour, et nous
jurant la liberté. A cette promesse solennelle, au souvenir de leurs bienfaits, il
nous était permis de déposer les armes et
de ne plus songer qu'au succès de la grande
cause qui nous les avait fait prendre en
1792. Mais courbés sous le joug du pou-

voir absolu, est-il assez de mépris pour nous? Que le clergé s'empare encore de la moitié des biens de la France; qu'il soumette l'autre moitié à la dîme; qu'il règle, exclusivement nos alliances, nos différends, nos contrats et tous les actes de notre vie; qu'il nous condamne à la plus détestable hypocrisie; que le fisc, rétabli dans son ancienne indépendance, nous soumette de nouveau à toute sa rapacité; que la corvée, la banqueroute, les lettres de cachet et les jugemens par commission redeviennent notre partage; qu'avons-nous à nous plaindre, et que n'aurons-nous pas mérité? Tout n'est-il pas juste et légitime envers le lâche qui souffre un maître, et qui préfère la vie, à l'honneur et à la liberté?

Nous pouvons éloigner de nous ces

horreurs et ces humiliations. Le Roi nous
a donné une forme de gouvernement qui
consacre au plus haut degré toutes les libertés publiques. Elle reconnaît solennel-
lement, et la liberté individuelle, et la
liberté de la presse, et la liberté des cul-
tes. Elle ouvre indistinctement à tous les
Français les différentes carrières, soit politiques, soit industrielles. Elle admet la
nation à fixer elle-même la quotité de ses
impôts, et à participer à la rédaction des
lois qui doivent la régir. Riches de tant de
biens, nous possédons encore une race de
princes distinguée entre toutes les autres
par sa douceur et sa bonté, et si remplie
de tous les genres de gloire, depuis l'hé-
roïque fermeté de saint Louis, le brillant
lant courage de Henri IV et la majesté de
Louis XIV, jusqu'à la sublime résignation

de Louis XVI, que toutes les autres illus-
trations se taisent devant elle. Que pou-
vons-nous désirer de plus!

Il ne s'agit que de conserver tous ces
avantages , et d'établir des institutions
qui empêchent à la fois, et des ministres
audacieux d'arracher au peuple ses légitimes libertés , et d'insatiables novateurs de
les mettre en danger par de nouvelles et
intolérables exigences contre la royauté.

Mais que la France veuille enfin se
persuader que ce mode de gouvernement
dont elle jouit, tout éclatant qu'il soit
de bonheur et de liberté, a cependant
besoin, comme tout autre système politique ; d'être spécialement protégé contre
les ennemis de tout ordre public, et ; s'il
faut le dire aussi, contre l'inconstance du
peuple lui-même, qui est toujours disposé

à courir après une vaine chimère de perfectionnement. Il n'est pas question de
porter le trouble dans cette démocratie,
pleine de sévérité et d'énergie, qui, comme
l'a si justement fait observer M. de Serres,
se trouve partout en France : dans l'indus-
trie, dans la propriété, dans les lois, dans
les souvenirs, dans les hommes et dans les
choses. Il n'est pas question non plus de
renverser *l'égalité des droits*, qui, comme
l'a si bien dit encore M. Royer-Collard,
constitue toute la démocratie; il ne s'agit
que d'établir en faveur d'une classe parti-
culière, *ouverte à tous les citoyens*, non
des priviléges onéreux au reste de la nation, mais de simples priviléges *honorifi-*
ques et politiques, qui lui donnent en même
temps et la considération et la force nécessaires pour se porter médiatrice entre

la couronne et les sujets. Osons nous dé-
pouiller de nos vieux préjugés, et scruter
jusque dans le fond des choses. N'ayons
pas honte de ne plus nous laisser séduire
par des apparences trompeuses. Il faut le
reconnaître ; ce n'est pas le privilége en
général qui est contraire à l'égalité : c'est
le privilége particulier attaché à la nais-
sance, ou à telle autre condition qui soit
hors du pouvoir de la grande masse des
citoyens. Mais un privilége accessible à
tout le monde, un privilége que chacun
puisse conquérir par son industrie ; un
privilége enfin qui n'ait d'autre effet que
de faire sortir des rangs, et d'indiquer
au prince et à la nation, les citoyens les
plus propres à défendre leurs droits res-
pectifs ; un pareil privilége est encore de
l'égalité. Il est de la nature de ceux dont

5

la république elle-même a reconnu la nécessité; de ceux des électeurs, des jurés,
des gardes nationaux, des membres de la
Légion-d'Honneur; de ceux enfin qui ont
pour objet d'exciter l'émulation et l'industrie, et de proclamer le courage et le zèle
pour le bien public.

La liberté ne se maintient pas par elle-
même, et sans avoir aussi ses ennemis à
surveiller. La nation ne peut pas toujours
être sur le *qui vive*. Elle a ses momens de
langueur et de découragement, dont un
ministre habile peut profiter pour l'asser-
vir. Il lui faut donc une milice toujours
armée pour la défense de ses droits, et qui,
selon la belle expression de M. Royer-
Collard, *soit capable de rendre un long
gémissement* quand elle les voit envahis.
Cette milice, ce corps avancé contre le

despotisme et contre l'anarchie , c'est une
aristocratie nationale, qui, sortie du peuple , recrutée par le peuple , puissante
seulement par la confiance du peuple, n'ait
et ne puisse avoir d'autre intérêt que celui
lui de soutenir les priviléges légitimes de
la nation , et de maintenir aussi, dans
l'intérêt de la liberté , ce grand boulevart
de la royauté, qui ne peut être renversé
sans que tout ne devienne désordre et
anarchie. Un jour viendra sans doute où
ces grandes vérités seront familières à la
masse des citoyens, comme tant d'autres
vérités qui étaient encore des problêmes
en 1789, et qui sont aujourd'hui recon-
nues par toute la France. Faut-il hélas!
que, comme celles-ci, elles traversent
des torrens de sang; et notre raison
impuissante aura-t-elle donc toujours be-

soin, pour nous conduire, de l'expérience du malheur!

Ce n'est point ici le lieu d'examiner quelles seraient les institutions les plus propres à remplir l'objet que je viens d'indiquer. Il me suffira de dire qu'elles doivent être combinées de manière *à placer le pouvoir électoral dans un corps de citoyens attachés, par des priviléges personnels, au système de gouvernement qui les leur aura conférés.* Quant à la question de savoir quelle doit être la nature de ces priviléges, je l'abandonne à la sagacité des publicistes et aux lumières des deux chambres. Que l'opinion publique leur prête toute sa faveur dans ces graves débats; que les citoyens, désabusés d'une égalité chimérique, implorent eux-mêmes de leurs représentans ces institutions protectrices, et j'aurai rempli la tâche que je me suis imposée.

C'est surtout à la chambre des pairs qu'il appartient de prendre ce grand objet en considération. Que, dans l'orgueil de sa puissance et dans l'enivrement de sa faveur populaire, elle ne se flatte pas d'être assez forte pour arrêter à elle seule, *ce torrent de la démocratie qui coule à pleins bords, dans de faibles digues qui le contiennent à peine.* Ce torrent impétueux l'emportera comme tout le reste, si elle n'amortit pas sa fureur, en plaçant, entre elle et lui, un second corps privilégié, fort lui-même de toute la force des classes éclairées.

Quelle erreur ne serait-ce pas à trois cents familles de s'imaginer que la France, soumise à un même niveau, respectera éternellement leurs priviléges, et que la va-

nité de l'ancienne noblesse à qui la Charte
a enlevé les siens, comme la vanité de la
bourgeoisie qui n'en veut supporter aucun, consentira à les laisser jouir en paix
de leur magnifique dignité ! Quand la
chambre des pairs se trouvera face à face
avec une chambre de députés républi-
caine (comme il est impossible que cela
n'arrive pas un jour), son heure aura
sonné. Le privilége seul peut respecter le
privilége. De priviléges en priviléges, un
privilége exorbitant peut encore se faire
accepter ; mais entre ce privilége qui sou-
lève tous les amours-propres, et la simple
condition de citoyen, il y a un abîme im-
mense dans lequel il doit finir par être
entraîné.

Que la chambre des pairs s'occupe
à créer des priviléges intermédiaires, si

elle veut conserver le haut rang qu'elle
tient dans l'État. Mais il faut le répéter
encore, ces institutions tutélaires ne peuvent être le fruit que de la confiance entière du peuple dans son gouvernement.
Proposées par le ministère actuel, ou seulement de concert avec lui, elles semble-
raient cacher quelque piège. Malheureuse
position d'une administration qui a for-
fait à ses sermens! Elle est un obstacle à
ce que rien d'utile se puisse établir; elle
fait un danger de ce qui devrait être un
appui; elle réveille toutes les haines, dé-
courage les plus fidèles, elle embarrasse
enfin tous les ressorts de la monarchie.
Puisse le génie de la France renverser ce
mur de séparation qui s'est élevé entre le
roi et son peuple, et contre lequel viennent
se briser leurs plus intimes épanchemens!

Puissent la liberté et la royauté , délivrées
de ces hommes de malheur, reconnaître
enfin leurs besoins réciproques , et s'entendre franchement sur les garanties qui
leur sont nécessaires!

FIN.